Hans A

MW01705971

f 15-

Nieuwe Groeten uit...

Ansichten voor Nederland

Nieuw Amsterdam *Uitgevers*

Voorwoord

Nieuwe Groeten Uit…

Wat zijn typisch Nederlandse beelden? Klompen, molens, tulpen en bloembollenvelden, dat weet een kind. De beelden zijn logo's geworden van het merk Nederland. Te zien op landbouwbeurzen en politieke conferenties. En in reclame-uitingen voor het steeds maar populairder wordende dagje uit. Maar de Nederlander zelf, wat kiest die?

Foam_Fotografiemuseum Amsterdam, ANP Historisch Archief, de BankGiro Loterij en het Nationaal Historisch Museum waren nieuwsgierig naar het antwoord. Ze plaatsten een oproep aan Nederlanders om hún beeld van Nederland te fotograferen. Dit leidde tot bijna achtduizend inzendingen.

Een groot deel van de foto's kan zo in de klassieke kaartenstandaard: zonsondergangen, koeien in de wei en bollenvelden. Wonderlijk en ontroerend hoe hartstochtelijk Nederlanders dat blijven fotograferen. Zouden we niet uit ons systeem kunnen krijgen dat dit authentiek Nederlandse beelden zijn? Duizend fotografen zijn je vóór geweest, je kunt een identieke foto als ansicht in de winkel kopen en toch wil je er zelf een maken. De lange rijen camera's bij toeristische trekpleisters vormen het bewijs. De eigen ansicht toont dat je er echt geweest bent. Kijk, dit zag ik!

Andere ingezonden foto's bieden historisch commentaar op het genre van de ansichtkaart. Honderd jaar geleden zag je een boer op klompen, nu een pizzakoerier op een scooter. Stonden er vroeger veel molens van baksteen en hout in het land, nu staan er rijen glimmende kunststof molens langs de zee. En dan zijn er foto's van Poolse gastarbeiders, de Gay Pride, hoofddoekjes en een straat vol bellende mensen. Nederland is zichtbaar veranderd. Sommige fotografen leggen de verandering min of meer neutraal vast. Anderen hebben commentaar meegeleverd waaruit blijkt dat ze vinden dat Nederland achteruitgaat, het landschap lelijker wordt en de mensen zich steeds hufteriger gedragen. Wie zou zo'n maatschappijkritische ansicht kopen? Vakantiehaters misschien. Wat moet de thuisblijver denken? Pas op: ga hier niet met vakantie? Voor historici zijn deze ansichten misschien wel het leukst. Over tien jaar kijken mensen met dezelfde vertedering naar een foto van een straat vol bellende mensen als we nu kijken naar een foto van een lange rij lifters. O ja, zo zag dat eruit, vroeger.

Wereldwijd zijn in kaartenstandaards altijd dieren te vinden. In Australië koop je plaatjes van kangoeroes, koala's en vogelbekdieren, op de Antillen hebben ze flamingo's, schildpadden en ezels. In Nederland hebben we niet van die bijzondere ansichtdieren: wij moeten het doen met de koe. Er zijn er honderden van ingestuurd. Vinden we ze zo bijzonder of kunnen we gewoon niet om ze heen? Overal staan ze in het Hollandse landschap van groene weides en wolkenluchten van dons. Hetzelfde geldt voor meeuwen die altijd figureren op winderige zeezichten. En dan zijn er natuurlijk zeehonden op de Wadden en in Zeeland, en ooievaars in de Betuwe. Veel meer dieren vallen hier niet te ansichten.

Maar zo makkelijk laten de inzenders zich niet uit het veld slaan. Ze sturen gewoon foto's van hun brave honden en poezen. Wie stuurt er nu een ansicht met zijn eigen poedel op? Iemand met een blinde dierenliefde zou kunnen, maar wat waarschijnlijker is: de wens om schoonheid dicht bij huis te zoeken. Ze sturen in wat hun meest favoriete beeld is, het kan niet schelen hoe de buitenstaander erover denkt. Een ansicht om naar familie en vrienden te sturen. Of naar jezelf, voor op de schoorsteenmantel. Oost west, thuis best.

De neiging om je eigen beelden te maken en die naar jezelf op te sturen tekent een nieuwe houding ten aanzien van ansichtkaarten. De klassieke ansicht leidt een kwijnend bestaan sinds de opkomst van het internet. Er zijn grote hoeveelheden websites die je vertellen hoe je een ansichtkaart maakt. Die wordt dan voor een spotprijs gedrukt en bij je thuis bezorgd. Wil je een kerstkaart sturen, of een valentijnskaart? Kijk dan je digitale fotoboek door, kies je favoriete plaatje en laat er een ansicht van maken. Dat kan natuurlijk helemaal digitaal, maar je kunt ze ook laten drukken, dan heb je er een voor op de keukentafel. Dat is authentieker dan badplaats, molen of bloembollenveld nummer zoveel. Wat vinden Nederlanders het meest eigen aan Nederland? Eigenlijk vooral hun persoonlijke wereld. Met de hartelijke groeten.

Valentijn Byvanck
Directeur Nationaal Historisch Museum

Amsterdam *Erik Hart*

Hans Aarsman

Natuur buiten

Hoe het gaat aflopen tussen de zwaan met jongen en de vrouw met de fiets is reuzespannend. Laten we er het beste van hopen. Wat ook interessant is: het bordje achter de bosjes. GUUS KIEFT SCHOOL staat daar in bonte kleuren geschreven op een manier die niet erg aan een school doet denken. Net is de veertiende leerling aangenomen, vind ik op internet. Groter dan twintig leerlingen wil de school niet groeien. Wie dat betaalt? De ouders zelf, sponsors en donateurs. Het onderwijs is op socratische leest geschoeid. Dat houdt onder meer in dat alles in overleg gaat en dat alleen die beslissingen worden genomen waartegen niemand een goed beargumenteerd bezwaar kan inbrengen. Inclusief de leerlingen is dat: zij worden net zo serieus genomen als volwassenen. Dat kan alleen maar niet op een

Amstelveen *Audrey Williamson*

totale chaos uitlopen als er een zeer subtiele maar onontkoombare druk is van een kleine groep volwassenen. Of ben ik nou te cynisch geworden van al dat gepolder hier te lande?

Buiten de schoolmuren ondertussen gaat het overleg er minder socratisch aan toe. De zwaan vertrouwt het niet. Waarom steekt dat mensbeest niet over, waarom moet ze langs mijn jongen? Het mensbeest probeert uit te stralen dat ze de beste bedoelingen heeft, ze glimlacht bemoedigend, maar zelf vertrouwt ze ook niet wat er uit dit overleg gaat komen. Haar linkerhand trekt ze voor de zekerheid vast terug.

De Peel *Irena de Zoete*

Zeeland *Luc Ruwette*

Rilland *Angela Spreukels*

Anna Woltz

Hoe het werkelijk was

Als kind had ik het vaak niet door wanneer er een foto van mij werd gemaakt. Mijn moeder was de fotograaf en drukte stilletjes af terwijl mijn zusje en ik ruziemaakten of bramen zochten of ijs op ons T-shirt lieten druipen. Alles werd vastgelegd: zelfs toen mijn zusje in een Griekse zee-egel stapte, maakte mijn moeder eerst een close-up van de gehavende voet en verwijderde daarna pas de tientallen zwarte stekels uit haar dochter.

Mijn zusje en ik hebben het haar vergeven, want de beloning is groot: voor de rest van ons leven bezitten we een stuk of zeven reusachtige albums vol foto's die werkelijk weergeven hoe het was. Want dat is het mooie: we poseerden toen niet. Mijn moeder schoot achteloos filmpjes vol, en weken of maanden later zagen wij kinderen pas het resultaat.

Amsterdam *Willemijn Rutte*

Dat is allemaal veranderd met de komst van de digitale fotocamera. Of ik nou een foto maak van een hele groep vrienden, van mijn vader of van een driejarige, allemaal roepen ze meteen na de flits: 'Laat zien! Laat zien!' Op het kleine schermpje wordt de foto uitgebreid gekeurd, soms wordt er nog even ingezoomd op een foute gezichtsuitdrukking of een buik die iets te veel puilt, en bijna altijd moet de foto dan opnieuw worden gemaakt. De eerste wordt gewist en een nieuwe zonder onderkinnen en zombielachjes bewaard.

Leggen wij nu eigenlijk nog wel het echte leven vast? Iedereen kan steeds beter poseren, omdat de foto direct te bekijken is. Op vakantie, wanneer ik met mijn lange armen zelfportretten maak, gebruik ik mijn toestel vaak als spiegel: raar haar en een zweetneus wis ik vliegensvlug uit mijn camera en uit de werkelijkheid, en daarna maak ik schaamteloos nog een foto, die toont dat ik er zelfs na een wandeltocht van acht uur perfect uitzie. Geschiedvervalsing waar je bij staat.

En daarom vind ik de foto van de meisjes met rode neuzen zo intrigerend. Te midden van jolige groepsportretten van mensen die uitgelaten poseren om duidelijk te maken dat ze echt wel beseffen hoe gek ze eruitzien, val je stil bij die twee meisjes op de regenachtige Dam.

Waarom is deze afbeelding niet meteen verwijderd uit de camera? Waarom doen die twee niet wat meisjes van hun leeftijd zo perfect kunnen; waarom poseren ze niet? Zijn ze echt even vergeten dat ze allebei een clownsneus dragen?

Biddinghuizen *Darija Kalkan*

Zandvoort *Willemijn Rutte*

Klijndijk *Jan Mulder*

's-Hertogenbosch *Paul Kriele*

Lisse *Marz van der Eng*

Hans Aarsman

Tot in de puntjes

Dit moet Arnhem zijn, ik herken de junkieboot. Zijn dat knoppen aan de boomtakken op de voorgrond? Dan moet het mei zijn. Aan de kleuren te zien lijkt het wel Kerst. De gemeente Arnhem wilde af van rondhangende junkies. Wat is dan een beter idee dan ze een drijvend hotel te geven, een eindje lopen vanaf het centrum?

Er is een tijd geweest dat oorlogsschepen gecamoufleerd werden met zwarte en witte blokken, tegen aanvallen van duikboten. Dat maakte ze wel erg makkelijk te ontdekken op open zee. Maar eenmaal ontdekt, trad de camouflage in werking. Het was de tijd van de ongeleide wapens. Als een duikboot een torpedo had afgevuurd, duurde het even voordat die bij het doelwit was. Het doelwit lag niet stil, het voer door. Als je op het midden zou richten, zou de torpedo achterlangs gaan

Arnhem *Kees Knook*

tegen de tijd dat hij bij het schip was. Dus werd een eind vóór het schip gemikt, in de vaarrichting. Dan moest je wel kunnen inschatten welke kant het schip op ging en hoe hard. Aan zo'n zwart-wit geblokt geval viel voor een kanonnier door het kleine kijkgat van zijn periscoop weinig af te lezen. Wat was de voorkant, wat was de achterkant, wat de zijkant, wat de vaarrichting?

Zou de gemeente weet hebben gehad van de herkomst van deze schilderstijl? Ik krijg fantasieën over commissies waarin beweerd wordt dat junkies een zwart-wit geblokte boot makkelijk kunnen vinden, ook als ze in kennelijke staat zijn. Gelukkig maar dat de boot stilligt, anders zouden ze nog achterlangs gaan. Er was nog even een probleem met de hoogte. De dag dat het schip moest worden afgemeerd, bleek het niet onder de brug op de voorgrond door te kunnen. Hoe dat is opgelost, weet ik niet, je kunt een boot lager maken door hem te verzwaren, maar waarmee? Ligt hij er niet prachtig bij? De junkies weten hem te vinden. Zo te tellen aan het aantal verlichte ramen zijn er heel wat thuis.

Ronduite *Anneke Egberts*

Buitenpost *Regina van der Kloet*

Eernewoude   *Annemieke Reijn*

30A
30B
NEE NEE
NEE NEE
31C
31D
NEE NEE
NEE NEE
33B
33C
NEE JA
NEE NEE
34D
34E
NEE NEE
NEE NEE
36
36B
NEE NEE
NEE NEE

Maastricht *Ruud Hudepohl*

Anna Woltz

Ik zal nooit hossen

Het gaat mij niet om de glimmende broekjes. En ik ben ook niet geïnteresseerd in de zwarte horentjes, hoewel ik me stiekem afvraag hoe de mannen die zo mooi op hun hoofd geplakt krijgen; ik ken zulke duivelshorens alleen op een diadeem. De attributen die ze allemáál dragen zijn niet interessant. Wanneer ik zo'n groep zie, ga ik meteen op zoek naar de individuen.

De tweede man van links bijvoorbeeld, die geen horentjes draagt, weigerde hij die kinderachtige dingen pertinent of was zijn voorhoofd te vet voor de Bison Kit? En de eerste man van rechts, die tijdens een ingespannen sms even vergeet om zijn buikspieren aan te spannen. Maar de grootste bewondering heb ik voor de man ernaast, die bij zijn paarse hotpants een oranje heuptasje durft te dragen – ik hoop althans dat ik

Amsterdam *Tineke van der Pouw-Kraan*

hem goed inschat, en dat dit een bewonderenswaardige praktische homo is en geen bangerik die een suf tasje nodig heeft om zijn paars glimmende kruis te verbergen.

Laten we ervan uitgaan dat deze man een praktische held is. De kleuren had hij beter kunnen coördineren, dat geef ik toe. Maar ik leef zo met hem mee: als vrouw weet ik exact hoe zorgelijk het leven kan zijn zonder zakken. De anderen op de boot hebben hem natuurlijk eerst hard uitgelachen om zijn stomme tasje, maar nu moet hij vast ook al hún geld bewaren – ik durf te wedden dat het mobieltje van de eerste man van rechts straks ook weer verdwijnt in de *fanny pack* van de tweede.

De mannen zien eruit alsof ze zich werkelijk vermaken. Als ik ze zo bekijk, vraag ik me af: gaat er een belangrijk deel van het leven aan mij voorbij? Mis ik iets essentieels? Ik heb nog nooit langs de kant staan juichen tijdens de Canal Parade. Ik ontwijk de hoofdstad met Koninginnedag, ben nooit op Lowlands geweest en ik ken de intocht van Sinterklaas alleen van televisie.

Ik vermijd plezier met z'n allen. Ik vind het

gênant en ik word er recalcitrant van. Ik mis vast iets, maar het is nu te laat. Ik zal nooit hossen. Gelukkig redt mijn zusje de eer van mijn ongezellige familie. Naar carnaval ging ze dit jaar met een hele groep, verkleed als boerderij: ze hadden een boer, een boerin en heel veel dieren. Mijn zusje ging als varken en haar huisgenoot als haan. Ik weet niet of iemand ook het strodak was.

Almeerderstrand *Sebastiaan Deerenberg*

Maastricht *Marcel van Hoof*

Bunschoten-Spakenburg *Jan Verkuil*

Ter Heijde *Jacqueline Louter*

Rotterdam *Sonja Wubben*

Hans Aarsman

Nou nog mooier

Ik heb ze niet geteld, maar tussen de inzendingen zaten ontzettend veel molens. Zeker honderd. Er zaten ook wat moderne windmolens tussen, die hopeloos witte staken boven het landschap, maar veruit in de meerderheid was de oude, vertrouwde molen. Van zonsondergangen boven spiegelende watervlakten waren er ook veel. En slootjes die richting camera meanderden. Er was zelfs een foto van een molen aan een meanderend slootje in het tegenlicht van een ondergaande zon. Probeer dat maar eens zonder beeldmanipulatie bij elkaar te krijgen. Zit Nederland nog steeds zo vol oude molens en meanderende riviertjes? Of kan de Nederlander maar geen afscheid nemen van een Nederland dat allang niet meer is? Net zoals na je vijftigste tot je diepste diep maar niet wil doordringen dat je je mannetje niet meer

Vlissingen *Leon Ruwette*

staat. Dat je beter de benen kunt nemen als het knokken wordt.

Wat we ook niet moeten uitvlakken, is dat het een fotowedstrijd was. Dan sturen mensen eerder iets in waarmee ze succes denken te hebben dan iets wat ze echt tekenend vinden voor het Nederland van nu. Jarenlang waren het molens, ondergaande zonnetjes en meanderende slootjes die op fotowedstrijden de prijzen in de wacht sleepten. Zo stevig is dat erin gehamerd dat iedereen onmiddellijk aan molens, zonsondergangen en meanderende slootjes denkt bij het woord 'fotowedstrijd' alleen al. Deze fotograaf wist zich daaraan te onttrekken en toch ook weer niet. Een ouderwetse molen tegen een achtergrond van twee moderne vormen van energieopwekking.

Lelystad *Stephen Boks*

Winterswijk *Rik Bekkenutte*

KOEK
EN
ZOPY

Landsmeer *Ria de Boer*

Warmond *Hans Roest*

Hans Aarsman

Buiten spelen

Dat is Hajo, hij is zeven jaar, hij woont nog bij zijn ouders. Stel dat de computer al bestond toen ik nog bij mijn ouders woonde. Hadden we dan een computer gehad? En als we hem hadden gehad, waar stond-ie dan? We woonden nogal krap, boven de slagerij van mijn vader. Ik maakte mijn huiswerk aan een bureautje in de slaapkamer van mijn ouders. Het had een klep die je open kon zetten. Eerst twee balkjes uittrekken waarop de klep kwam te rusten, dan je spullen uitstallen. Het ouderlijk bed was mijn stoel. Plek om een computer neer te zetten zou er niet geweest zijn, voor een laptop misschien net. Als ik klaar was, ging de klep weer dicht. Konden mijn ouders naar bed. In de huiskamer kon ook geen computer staan, die was al tjokvol met kasten, een tafel met zes stoelen, twee fauteuils bij het raam.

Dronten *Dick Hoogendoorn*

Dan had je nog de meisjeskamer beneden, net breed genoeg om twee bedden in te zetten. Zelf sliep ik in de kelder, plek zat, maar iedere keer naar de kelder om je e-mail te checken? De kamer van mijn jongere broer had gekund. Sinds ik in de kelder sliep, was daar plek genoeg.

De televisie, wat gebeurde er toen die kwam? Een paar jaar nadat-ie geïntroduceerd was hadden we er een. Hij werd geïnstalleerd op het kastje waarin de radio en de platenspeler zaten. Bovenop stond een vaas met bloemen, die moest weg.

Toch de huiskamer dan, in de boekenkast misschien? Beter dan de kamer van mijn broer. De boeken naar de kelder, dat was een idee geweest; ze hadden op mijn kamertje gekund.

Had ik er vaak achter gezeten? Ja, vaak. Had ik nog wel buiten gespeeld? Nooit.

Domburg *Jeanette Senhorst-Dokter*

Scheveningen *Regina van der Kloet*

Vlagtwedde *Roel van Hoeckel*

Apeldoorn *Fique de Wilde*

Winsum *Marga Bolderman*

500
950
700
40
55

Winterswijk *Wilma Schreurs*

Anna Woltz

Tussen IJsselstein en Cabauw

Vanmorgen reisde ik per rammelende streekbus van Utrecht naar het piepkleine dorpje Cabauw in de gemeente Lopik. En omdat ik gisteren honderden foto's van *Nieuwe Groeten Uit…* had bekeken, bestond de wereld opeens uit ansichtkaarten.

Boven de weilanden hingen flarden mist en de zon stond zo laag dat het leek alsof je elke zonnestraal apart kon zien. In zulk overdreven strijklicht waren zelfs de nieuwbouwwijken van Benschop en de kantoorgebouwen van Kanaleneiland ontroerend mooi.

De ansichten kwamen in hoog tempo voorbij: blinkende slootjes, uitbottende knotwilgen, kerktorens, decoratief vervallen schuurtjes, draaiende windturbines – in mijn hoofd was ik de hele reis aan het turven.

Groot was mijn voldoening toen ik in het echt

Sleen *Ruud Tuithof*

zag wat ik al kende van een foto: een verlaten bushalte met daarnaast twee lege fietsenstandaards. Toen ik de foto voor het eerst zag, een paar weken geleden, begreep ik als stadsmeisje helemaal niet wat zich daar afspeelde. Waarom zou je in hemelsnaam fietsen naar een bushalte? Dan vertrok je toch gewoon van een halte dichter bij je huis?

Maar nu, tussen IJsselstein en Cabauw, begreep ik het opeens. De stoere streekbus komt helemaal niet in al die minuscule dorpjes. Je fietst dus naar de bushalte aan de Provincialeweg, zet daar je fiets in de vrolijk gekleurde standaard en rijdt met de bus in drie kwartier naar Utrecht. Zowel de bus als de fiets is onmisbaar in deze opzet: de eerste rit is te lang om te lopen, de tweede te ver om te fietsen.

Op de heenweg ontbrak slechts één element aan mijn geluk: de molen. En juist die molen is nog steeds essentieel voor Nederland, vinden verbazingwekkend veel fotografen. Op de terugweg had ik dus maar één doel: een molen spotten. Eén enkele molen kon er toch wel af, daar tussen Utrecht en Cabauw?

De zon was toen allang weer verdwenen. De lucht had de kleur van klei. De nieuwbouwwijken waren desolaat en de kantoorgebouwen onzinnig modern en opeens zag ik dat al die fleurige ansichtkaarten het lelijkste stuk van ons land negeren: het grijze asfalt met zijn auto's, die traag rijdende blikjes gevuld met eenzame personen die allemaal bezig zijn met hun eigen telefoongesprekken en promoties en ruzies en hypotheken.

En toen, net toen ik alle hoop had opgegeven, was hij daar. Domweg zichtbaar vanaf een bushalte. Een levensgrote oud-Hollandse molen met wieken en alles erop en eraan. De halte IJsselstein Binnenstad redde mijn grijze dag.

Rheden *Petra Oolders*

Radio Kootwijk *Annemieke Reijn*

Venlo *Marij Janssen*

Zuid-Scharwoude *Annemarijne Bax*

Terschelling *Tineke van der Pouw-Kraan*

Heemskerk *Bert Westendorp*

Zevenhuizen *Dirk Hijink*

Hattem *Hans Osinga*

Anna Woltz

Het juk van de beige instapschoen

Vonden middeleeuwse jongeren hun oma's ook zo ouderwets? Verbaasden negentiende-eeuwse pubers zich over de duffe kleren van hun grootouders? En zullen mijn kleinkinderen ook weer vinden dat ik er hopeloos belegen uitzie?

Ik weet het niet. Ik heb geen idee hoe het middeleeuwers verging die het geluk hadden om oud te worden. Maar ik weet wel dat mijn eigen oma en al haar vriendinnen kleren droegen die ik nooit van mijn leven zal dragen, al word ik honderdtwintig.

Hun vormeloze jurken in pasteltinten met vleeskleurige kousen en beige instapschoenen en spierwit haar in een permanent zullen voorbijgaan aan mijn generatie en we zullen er geen traan om laten – en ik denk dat ook weinig vijftigjarigen van nu gebukt zullen gaan onder het juk van de beige instapschoen.

Overijssel *Aart van Raalte*

Er is namelijk een revolutie gaande onder mijn broeders en zusters van middelbare leeftijd: ze vertikken het om langzaam te veranderen in oude mannen en vrouwen. Spijkerbroeken zullen ze dragen als tachtigjarigen. En waarom ook niet? Ze zullen gekleed gaan in maatpakken en capuchontruien en op hun negentigste zullen ze zweven op verende sportschoenen. Vrouwen zoals de drie schatten op de foto zullen uitsterven; de nieuwe generaties zullen weigeren om ooit bejaard te worden. En het gehaakte tafelkleed gaat meteen mee de prullenbak in.

Een kleine waarschuwing is echter op zijn plaats. Er zal namelijk een overgangsfase komen. Daar is niets aan te doen. Gewoon even doorbijten, adviseer ik. Sla de bladzijde maar eens om. Ziehier: hippe windjacks, fijne gympen en geen grijze permanentjes. Maar de vleeskleurige kousen zijn er nog. En de scheenbeenlange rok en de broekrok blijken ook hardnekkig. Ach, hebt u toch nog even geduld. Over tien jaar is de transformatie volledig.

En dan denk ik opeens toch weer aan mijn oma. Mijn allerliefste oma, die kon flirten als de beste. De kapper, de buschauffeur, de jonkheer van de zesde verdieping, ze wond ze allemaal om haar gerimpelde vinger. Haar vleeskleurige kousen deden daar niets aan af. Haar kleren zeiden 'oude dame', maar haar hoofd straalde en ze gaf niets om rimpels en spataders en blubbervel.

En eigenlijk, besef ik nu, wens ik mijn eigen generatie precies hetzelfde toe: dat er ooit een leeftijd komt waarop rimpels en ouderdomsvlekken ons niets meer kunnen schelen. Dat we tevreden taart zullen eten van ons gehaakte tafelkleed, en dat we dan soms per ongeluk een kloddertje slagroom zullen morsen op onze beige broekrok.

Groningen *Roelf Rozema*

Rijswijk *Gees van Dijk*

Schiermonnikoog *Tjerk Broersma*

Amsterdam *Jilles van Dam*

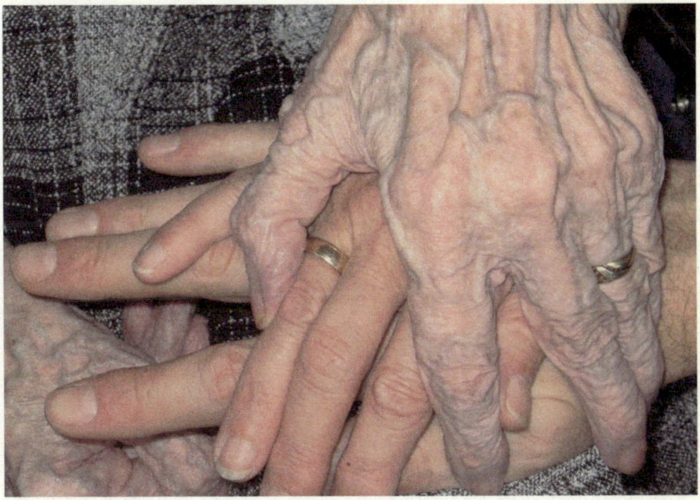

Groningen *Marianne Dijkstra*

Hindeloopen *Elsje Ouwehand*

Hans Aarsman

Met z'n allen

Eén keer heb ik in een demonstratie meegelopen, ik had meteen mijn bekomst. Hoe hartgrondig ik ook ergens tegen kan zijn of hartstochtelijk ergens vóór, ik loop nooit meer als een braaf schaap mee in een demo. Demo. Dat ga je doen, zo'n woord afkorten tot er iets sulligs overblijft. Deze demo werd begin jaren zestig gehouden, toen de Nederlandse regering overwoog extra troepen naar Nieuw-Guinea te sturen. Om het te verdedigen tegen Indonesische invallen. Uiteindelijk zijn er geen extra troepen gestuurd. Niet dankzij deze demonstratie, maar omdat er internationaal grote weerstand tegen was. In 1962 werd Nieuw-Guinea overgedragen aan de VN, een paar jaar later aan Indonesië. Of dat voor de Papoea's, de oorspronkelijke bewoners, een verbetering was, is nog steeds de vraag.

Amsterdam *ANP Historisch Archief*

Links een jongetje met een houtje-touwtjejas. De stoet wijkt van zijn lijn af. Om het jongetje niet onder de voet te lopen? Zal eerder zijn omdat er een auto half op de weg staat, en op die auto staat de fotograaf. De demonstranten glimlachen, ze zijn blij dat ze gefotografeerd worden. Daar doe je het voor, hoe meer pers hoe beter, goed voor de zaak. Van een ietwat hoger standpunt nog beter, dan wordt goed zichtbaar hoe lang de stoet is. Op het voorste spandoek kun je onder Oorlog met enige moeite UITWEG ontcijferen, in spiegelschrift. Waarschijnlijk staat op de achterkant dezelfde tekst. Goed denkwerk van de organisatie. Allerlei leeftijden lopen mee, zelfs een bejaarde met een pijp. Ook onberispelijke dames met hoofddoek in het midden. Alles heel verantwoord. Geen onvertogen woord. Dat maakt deze demo typerend voor het Nederland van na de oorlog. Vlak daarna zal het er anders aan toegaan, als de Vietnamdemonstraties beginnen.

Amsterdam *Martin van Triest*

Roodeschool *Antje ten Harkel-Meijer*

P
piemel
pikkie

Amsterdam *Jacques van de Vall*

Anna Woltz

Wapperende hoofddoekjes

Hans, Tjalco, Theo, Evelien, Cor, Frits, Annelies, Marja, Nico, Ria, Sandra, Pieternel, Erwin, Elsje, Wim, Cees, Delphine, Annemarijne, Ad, Richard, Jolien, Rietje, Teunie, Pleun. Bij de duizenden en duizenden namen van mensen die meededen aan *Nieuwe Groeten Uit…* zitten misschien tien namen die niet van oorsprong Nederlands zijn. Het zou me dus niet moeten verbazen dat multicultureel Nederland slecht vertegenwoordigd is op de foto's, maar toch vind ik het gek.

De naam van het project alleen al: *Nieuwe Groeten Uit…* Dan denk ik meteen aan alle nieuwe Nederlanders die niet meer uit het Hollandse straatbeeld zijn weg te denken. En dan bedoel ik niet terwijl ze naar de moskee gaan of bezig zijn met een integratieproject, maar gewoon terwijl ze patat eten en winkelen en flirten en leven.

Groningen *Johan Klunder*

Maar bij de bijna achtduizend inzendingen zijn nauwelijks foto's van verse Nederlanders die gewoon aan het leven zijn. Keer op keer worden ze door de fotograaf speciaal gecast als exotisch, en moeten ze zorgen voor een interessant contrast tussen het traditionele Holland en het Nieuwe Nederland: een meisje met een hoofddoek dat met haar mobieltje een foto van een kerststal maakt, een moslima die praat met Zwarte Piet, vier traditioneel geklede Indiase vrouwen op een bankje voor de etalage van een Groningse modezaak vol ingetogen westerse kleding.

Zijn de inzenders bang om hun vingers te branden aan zo'n gevoelig thema als integratie? Dat begrijp ik eigenlijk best; ik aarzelde ook over dit stukje. Is het niet raar om die gigantische groep van kleinkinderen van Marokkaanse gastarbeiders en Afghaanse asielzoekers en Surinaamse migranten op een hoop te gooien en met z'n allen te behandelen in één stukje tekst en een paar foto's?

Mijn antwoord is: ja, dat is heel raar. Ik had dit stukje graag níét geschreven, en achteloos door het hele boek met foto's gestrooid van blonde haren naast wapperende hoofddoekjes in het Piratenschip en Marokkanen die carnaval vieren en Turkse families aan het strand. Maar die foto's zijn er niet.

Cor en Ria en Wim en Elsje sturen foto's in van hun eigen leefwereld en die is kennelijk nog niet multicultureel. Maar dat gaat veranderen. Dat kan niet anders: als kinderboekenschrijfster bezoek ik basisschoolklassen door het hele land. Bontgekleurde klassen waar allang geen onderscheid meer wordt gemaakt tussen allochtone en autochtone grootouders. Als Vlinder en Beuk en Dunya en Hassan over dertig jaar meedoen aan *Fonkelnieuwe Groeten Uit...*, dan zullen op hun foto's de hoofddoekjes zo achteloos wapperen dat het niemand meer opvalt.

ARY OF

Amsterdam *Jacques Dersjant*

Zandvoort *Anita van der Krol-van Hasselt*

Vlissingen *Rian Wagenaar*

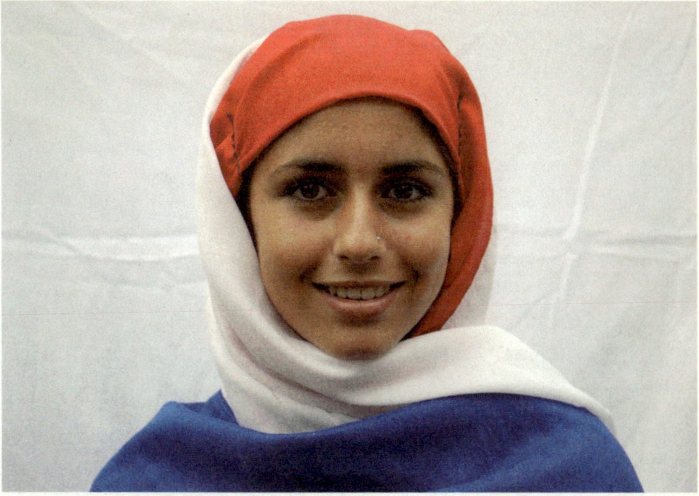

Zeist *Anna Eijsbouts-Rinsema*

Amsterdam *Eva Kroon*

Anna Woltz

Speculaas en haring

Als je mij dropt in een vreemde stad in een onbekend land en tegen me zegt dat ik één plek mag bezoeken om die stad met al zijn inwoners te leren kennen, dan weet ik waar ik naartoe ga. Dan bezoek ik geen kerk, geen museum en geen plein met fontein. Dan loop ik rechtstreeks naar de supermarkt.

Ik sta er zelf van versteld hoeveel buitenlandse supermarkten in mijn geheugen staan gegrift. Het rommelige winkeltje op Karpathos, waar we zwarte olijven kochten en een veel te groot stuk feta. De donkere, benauwde supermarkt op Curaçao, die verzengend rook naar gezouten vis. En natuurlijk mijn allerliefste, lichte, opgeruimde Sainsbury's, waar ik bijna dagelijks kwam toen ik in Schotland studeerde – en dan liep ik minstens twintig minuten gelukzalig langs de schappen.

Amsterdam *Allard Boterenbrood*

Alles vond ik fascinerend aan het assortiment. Dat de *golden syrup* in groene glimmende blikjes zat. Dat Schotten delicate babycourgettes aten in plaats van dofgroene draderige megacourgettes. Dat je warme, geroosterde hanen kon kopen in aluminium zakken. Het is nu vijf jaar later, maar de petflessen cider en de hompen *mature cheddar* en de *salt and vinegar crisps* kan ik nog steeds blindelings vinden in de schappen van mijn geheugen.

En toch begon ik Nederlands eten te missen, na een paar maanden in Schotland. Saai genoeg miste ik de klassieke dingen het meest: zoute drop, Van Dobben-kroketten, oude Maaslander en haring. Op 5 december bakte ik samen met een mede-Nederlander (iets anders dan een medelander) een hele middag pepernoten met geïmporteerde speculaaskruiden en smolten we chocoladerepen om tot letters.

Die avond vierden we klassiek Sinterklaas, met een alternatieve Amerikaanse, twee upperclass Engelsen en een Schot met een baard. Iedereen had voorbeeldige gedichten geschreven – in het Engels, maar volgens onze instructies wel met

Nederlands venijn. De chocolade S voor Sam hadden we per ongeluk in spiegelbeeld gegoten en de pepernoten waren een beetje hard, maar die oud-Hollandse avond was een hoogtepunt in mijn Schotse verblijf.

Nu woon ik alweer jaren in Nederland. Ik maak geen tochten meer door de Highlands en ik dans nooit meer een Schotse volksdans, maar één ding is hetzelfde gebleven. Nog steeds bezoek ik gelukzalig de supermarkt. Dagelijks loop ik door mijn eigen Albert Heijn. Elk nieuw product valt me op, ik spel *Allerhande* en ik weet altijd welke groente in de bonus is. Als de Schot met de baard op bezoek komt, dan weet ik precies waar hij naartoe moet om mijn land te leren kennen.

Utrecht *Willy Lakerveld*

Marken *Lisa Kleeven*

Flevoland *Vronie Achenbach*

Heeg *Caroline Berkhof*

Hans Aarsman

Alles kan

In de Amsterdamse hoerenbuurt mogen geen foto's worden genomen. Als je het toch niet kunt laten en je wordt gesnapt, loop je het risico in de gracht te belanden met camera en al – in het ongunstigste geval. Een paar klappen kan ook. In ieder geval het rolletje inleveren. Vroeger het rolletje, tegenwoordig de geheugenkaart. De vrouwen die op de Wallen werken, willen niet dat iedereen ze ziet. Een mooi voorbeeld van een verlangen dat onmogelijk in vervulling kan gaan.

Hoe kun je de hele dag in een deuropening staan, omringd met kakelbonte tl-kleuren? Rijen mensen trekken voorbij, je probeert mannelijke passanten te verleiden. En dan ongezien willen blijven? Kan niet. Weten zij ook. Misschien dat ze daarom zo fel op foto's zijn.

Amsterdam *Max Moszkowicz*

Foto's gaan de hele wereld over, ze kunnen worden bekeken terwijl de gefotografeerde ligt te slapen. Door mensen die de gefotografeerde niet kent. Maar nog erger is: door mensen die de gefotografeerde wel kent. Van vroeger, van thuis. Oh, die? Is die in de prostitutie beland? En ze kon zo goed studeren! Zal eens rondvragen waar het mis is gegaan. Weet haar moeder het eigenlijk? Zei die laatst niet dat ze is gaan studeren? In het buitenland ergens.

De vrouw in de deuropening ziet de camera niet, haar aandacht is boven de camera gericht. Daar bevindt zich het gezicht van een voorbijganger, een mogelijke klant. De vrouw in de deuropening kan niet weten dat op het hoofd van de voorbijganger geen haar aan de vleselijke genoegens denkt die zij in de aanbieding heeft. De voorbij- ganger is met zijn hoofd bij het maken van een foto. Stiekem drukt hij in het voorbijgaan af. Hij wil de groeten doen, de *Nieuwe Groeten Uit...* Nederland. Nederland, het land waar alles kan. Zo vrij is Nederland dat vrouwen er niet eens vrouw hoeven te zijn.

Vlaardingen *Charlene van Kasteren*

Amsterdam *Marjon Officier*

Katwijk *Floor van den Haak*

Hans Aarsman

Ruimte zat

Dit moet een vreemd moment zijn voor de Zandvoortse haringkar van Floor Molenaar. Overal kun je de kar van Floor tegenkomen, op de boulevard, op het strand, op parkeerplaatsen. Het is een gigantische kar, hij wordt getrokken door een gigantische rode tractor, het is er altijd gigantisch druk. Wat is er gebeurd dat er niemand aan de kar staat om een harinkje te bestellen? De hemel mag het weten. Waar is de eeuwige metgezel, de rode tractor, eigenlijk gebleven? De compositie verraadt een fotograaf met ambitie. De voorgrond ruim gehouden, een amateur snijdt die tegels aan, valt verder toch niets op te zien. Maar deze fotograaf wil een zekere desolaatheid. De zon schijnt door een dun wolkendek, er staan geen mensen, er is maar één verkoper in de kar. We zien hem van achteren en

Zandvoort *Barbara van Schaik*

toch kun je zien dat hij zijn armen over elkaar heeft. Moet een dag zijn geweest dat het weer opeens betrok. Nee, want dan hadden er nog wat auto's gestaan op het parkeerterrein. Hier is meer aan de hand. De rode tractor begaf het. Ze waren met zijn tweeën op de kar, de ander is naar huis gelopen, heeft de reservetractor gehaald. Daarmee is de kapotte weggesleept. Straks komt hij terug om de kar op sleeptouw te nemen. Maar voordat hij terug is, komt er een vrouw met een camera langs, een fotografe die met haar foto's meer wil zeggen dan: kijk eens wat ik tegenkwam! Toch haar naam eens even intikken, ja hoor, ze maakt hele series van desolate badplaatsen. Nooit een brandende zon aan de hemel.

Tynaarlo *Robert Lagendijk*

Utrecht *Wolfgang Wieser*

Nijmegen *Ronald Frederick*

Anna Woltz

Heupwiegende mannen

Is dit de beroemde seksuele bevrijding van de jaren zestig? Ik zag het eerst helemaal niet, maar het fotobijschrift vertelt me dat de persoon met het donkere haar een man is. Een echte vent, met een harige jas en harig hoofd, skinny jeans, plateauzolen en een tas met een beertje. De blonde verschijning naast hem is wel daadwerkelijk een vrouw en ze heeft, dat moest het bijschrift mij ook vertellen, een kind op de arm.

1960 is alweer vijftig jaar geleden. Een halve eeuwigheid, maar zo voelt het niet. Ook niet voor iemand uit 1981: ik ken boeken en films en levende mensen uit die tijd, dus ik heb niet het gevoel dat personen uit de jaren zestig aliens zijn. Bij mensen uit 1860 is dat anders: ik besef dat ik de gedachtewereld van een negentiende-eeuwer nooit zal kunnen doorgronden. Ik ken zijn referentiekader niet.

Amsterdam *Henk Busman* *ANP Historisch Archief*

Voor de gedachtewereld van deze twee plateauzooldragers in de Leidsestraat schrik ik dus niet terug, voor hun uiterlijk wel een beetje. Nou ja, terugschrikken, ik verbaas me erover. Want het is raar: in die tijd waarin vrouwen zich meer en meer gedroegen als mannen, gingen mannen er juist steeds vrouwelijker uitzien.

Ik had het jammer gevonden: krijg je als vrouw eindelijk die felbegeerde seksuele vrijheid, ga je aan de pil en mag je opeens swingen en sletten, en dan moet dat allemaal met langgelokte kerels op hoge hakken. Ik weet dat de mode invloed heeft op wat mannen en vrouwen aantrekkelijk vinden aan elkaar, maar zó veel invloed?

Misschien wel. Misschien vonden vrouwen in de sixties heupwiegende mannen in skinny jeans het toppunt van aantrekkelijkheid, en ben ik gewoon beïnvloed door mijn eigen tijd – een tijdperk dat weer heel andere eisen stelt aan het mannelijke geslacht.

Mannen van nu moeten zich stoer kleden en macho gedragen en ze mogen absoluut geen watjes zijn. Tegelijkertijd wordt er van hen verwacht dat ze vlijtig smeren met antirimpelcrème, over al hun gevoelens kunnen praten en bereid zijn om exact vijftig procent van de zorg voor de kinderen op zich te nemen.

Vergeleken bij die huidige torenhoge en vaak onmogelijk te combineren eisen waren de jaren zestig misschien zo slecht nog niet voor de Nederlandse man: vrije seks, bevrijde vrouwen, nooit naar de kapper. Alleen die schoenen waren een nachtmerrie. Probeer maar eens bevrijd te swingen op hakken van tien centimeter hoog.

1

Den Haag *Christian Halmen*

Oostermeer *Betty van Zwol*

Alphen aan den Rijn *Marco van Schie-Smit*

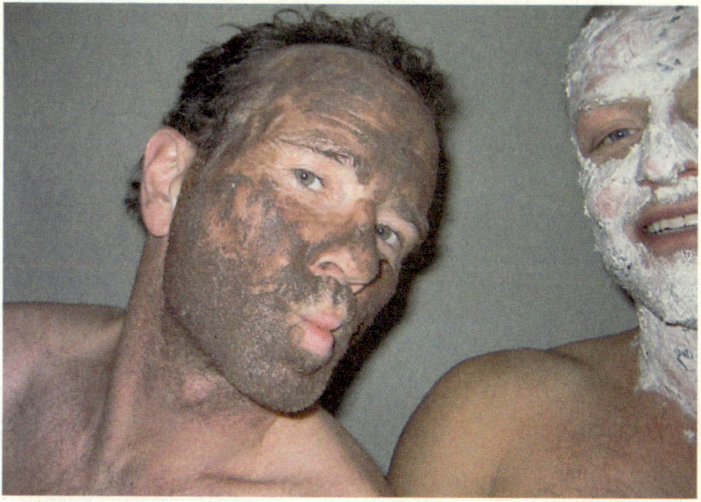

Amsterdam *Marz van der Eng*

Groningen *Johan Klunder*

Hans Aarsman

Op weg

Shazam is een programmaatje voor de mobiele telefoon. Je houdt je mobiel bij een speakerbox en na een paar seconden verschijnen op de display titel en artiest van de muziek. Op mijn telefoon heb ik een soortgelijk programma voor auto's. Je ziet ergens een auto waarvan je niet een-twee-drie op het merk kunt komen. Je toetst het kentekennummer in en je krijgt te zien: merk, type, aantal cilinders, bouwjaar, zelfs wanneer hij gekeurd moet worden. De auto in het midden met LJ-39-JK is een Mazda 626 uit 1984. Dan moet de foto na 1984 genomen zijn. De Opel Kadett en de Ford Escort kan ik makkelijk herkennen, gelukkig maar, met hun kentekens kan het programma niet uit de voeten – een teken dat ze inmiddels gesloopt zijn.

Dit is Groningen, de oprit naar de provinciale

Groningen *Ruud Hoff* *ANP Historisch Archief*

weg richting Zwolle-Leeuwarden. Helemaal rechts vooraan een bordje LIFTPLAATS. Het is vlak bij het station, ik ken die plek, net over de brug van het Eemskanaal. Ik heb daar 's zomers weleens gestaan met een bordje AMSTERDAM. Dat ging niet goed. Gelukkig was het station dichtbij.

Op deze foto is het winter, uit de uitlaten komt een witte pluim. De auto's zijn net gestart, als de motoren straks op temperatuur komen, verdwijnen de rookpluimen vanzelf. De zon komt van rechts, het westen, het is het einde van de dag. Het werk zit erop, de automobilisten rijden naar huis. Vast en zeker is het ook het einde van de week, de Groningse studenten gaan in groten getale met een zak vol vuile was terug naar het ouderlijk nest. Bordjes HEERENVEEN, ALMELO, ENSCHEDE, vooraan nog een bordje HILVERSUM, is dat niet wat optimistisch? Achteraan iemand met een bordje PUTTEN, dat gaat zeker niet lukken, dat wordt de trein.

Prinsenbeek *Astrid Vrijland*

Groningen *Johan Klunder*

Schiphol *Poike Stomps*

Amsterdam *Jacques van de Vall*

Amsterdam *Ronald Frederick*

Groesbeek *Tjerk Broersma*

Almere *Tijl Dejonckheere*

Hans Aarsman

Koe zonder geschiedenis

Mijn zusje zat een lange middag achter de computer om stiekem het ideaal van onze familie te verwezenlijken. Het kostte enige moeite, maar op de Wikipediapagina van de Zwitserse witte herder staat nu een foto van onze eigen hond Jefta. Helemaal bovenaan, als eerste foto die je ziet: zo behoort dit hondenras te zijn.

Het geeft kinderachtig veel voldoening en zelfs een zeker gevoel van trots: van nu af aan is ónze hond de voorbeeld-witte-herder van Nederland. Geen bezoeker van die pagina weet hoe de kleine zwarte veeg op Jefta's kop ontstond of wat voor spelletje hij speelde met de tak die voor zijn poten in het gras ligt, dat weten wij alleen. Voor de rest van Nederland doet het er ook niet toe: die hond met het zwarte veegje is in elk geval voor even de gouden standaard der herders.

Wilsum *Leo Hartsuiker*

Ik kan me voorstellen dat veel inzenders van huisdierenfoto's op zoek waren naar eenzelfde soort voldoening. Zij vinden vast dat het Hollandse huisdier het allerbeste vertegenwoordigd wordt door hún eigenwijze spaniël of hún opvallend slimme lapjeskat. Wat een triomf, om je eigen konijn als enige knaagdier in het kaartenrek te zien!

Ik geloof graag dat in al die huiskamers toevalligerwijs de allerliefste cavia van Nederland rondhipt. Maar wanneer ik foto's van huisdieren zie, kijk ik vaak aandachtiger naar de bazen en bazinnen dan naar de dieren zelf. Mensen zijn altijd aanwezig in zulke foto's: soms zijn ze zelf in beeld en ontdek je dat ze exact dezelfde gezichtsbeharing hebben als hun dier. Soms spreekt de sofa achter de hond of het tafelkleed onder de poes boekdelen, en altijd verraden mensen zichzelf doordat je als kijker weet: dit vond dat baasje het mooiste moment om af te drukken. Zo wil hij zijn dier aan de wereld laten zien.

Ik kijk vooral naar de mensen op en achter die foto's, omdat ik het bijna gênant vind om naar andermans dier te kijken. Huisdieren in onbekende interieurs schreeuwen naar mij: ik ben jouw bouvier niet! Ik ben van iemand anders! Iemand anders mag mij elke dag liefkozen en voederen en uitlaten en toespreken – met jou heb ik niets te maken.

Veel makkelijker vind ik het om te kijken naar foto's van dieren die van niemand zijn, of die met zijn honderden toebehoren aan iemand van wie ze de sofa niet eens kennen. Koeien, kikkers, eendenkuikens, vlinders, schapen, zwanen – die dieren zijn van ons allemaal. Geef mij maar een foto van een koe zonder geschiedenis of een gans met onbekend karakter. Als ik een hond wil zien, dan kijk ik naar mijn eigen exemplaar: een uitmuntende herder die toevallig de liefste van de wereld is.

Langelo *Sebastiaan Deerenberg*

Vroomshoop *Marijke Talen*

Lathum *Jeanette Senhorst-Dokter*

Anna Paulowna *Eleni Valentijn*

Noordwijk *Els Bax*

Hans Aarsman

Echt mooi

Wat ik altijd heb bij foto's van bloeiende bloembollenvelden: het gevoel dat je naar een paar kleurige strepen staat te kijken. Iemand brult in mijn oren: 'MOOI, hè?' Ja, knik ik, mooi, hoor. Maar echt mooi? Eerder een soort van voorgebakken mooi, als u begrijpt wat ik bedoel. Een mooi waaraan niemand zich een buil kan vallen. Wie durft te zeggen dat bloeiende bollenvelden niet mooi zijn? Ik! Maar ik hou een slag om de arm. Ik ben er altijd in blijven geloven dat ergens, ooit, iemand een bollenfoto heeft genomen waarvan ik uit de grond van mijn hart kan zeggen: wat MOOI! Een bollenfoto zonder de strepen. En zie: die foto is gemaakt! Door Liesbeth Haak. Hij zit tussen de *Nieuwe Groeten Uit...*

Daar sta ik opeens in een landschap, opeens is er hoogte, is er diepte, opeens staan de bollen op

Egmond aan Zee *Liesbeth Haak*

de grond. Omdat er iets hogers tegenover staat. Dit zijn ook niet zomaar bomen, dit zijn scheve bomen. De foto is genomen bij Egmond aan Zee. Daar waaien de winden vaak uit het zuidwesten. Uit het oosten komen ze ook weleens, maar niet genoeg. Dan moeten de duinenrij en de kust ergens links zijn. Ideale grond voor bloembollenteelt. Tegen de tijd dat ze geoogst worden, zal de wind heel wat zandkorrels tussen de bloembladeren hebben geblazen. Om bloembollenbladeren gaat het niet, het gaat om de bollen. Ach, dat weet iedereen allang.

Noordwijk *Francisca Laureijs*

Berghem *Angelique Geurts*

Lisse *Wim van Herpen*

Katwijk *Hettie Staats*

Anna Woltz

Kinderbewaarplaats

Is de bruine keet leeg op deze bewolkte dag? Of worden daarbinnen nog steeds een paar zoekgeraakte peuters bewaard? Misschien is er gisteren aan het eind van de dag wel een kleuter overgebleven. Een kind zonder opvallend gestreept zwempak en zonder kenmerkende moedervlekken, dat nog niet geclaimd was toen de zon onderging. Een kind dat nu daarbinnen zit te wachten op zijn ouders, terwijl boven zijn hoofd een kaal peertje brandt op stroom die wordt opgewekt door de windturbine.

Is het eigenlijk niet raar om die zanderige kleuters en behuilde peuters 'zoekgeraakte kinderen' te noemen? In de ogen van hun ouders zijn ze zoek, jazeker. Maar hier, in de kinderbewaarplaats, zijn ze juist gevonden.

Ik weet dat kinderen anders zijn dan paraplu's

Den Haag *Michael Parrée*

en handschoenen. Maar kan iemand me vertellen wat in dit specifieke geval het verschil is tussen een zoekgeraakt kind en mijn zoekgeraakte blauwe lievelingsmuts, die ik op Utrecht Centraal niet terugvond in de mutsenbewaarplaats voor zoekgeraakte lievelingsmutsen, maar gewoon bij de gevonden voorwerpen?

Toen ik voor het eerst de inzendingen van *Nieuwe Groeten Uit…* bekeek, viel me op hoeveel fotografen gretig gebruikmaakten van teksten en symbolen om hun foto te laten spreken. Zo'n foto zei dan altijd iets komisch; soms waren kromme formuleringen op handgeschreven bordjes de grap, dan weer toonde de foto dat de overheid ons leven tot in de puntjes wil reguleren en dat Nederlanders zich daarvan lekker niks aantrekken.

Die foto's met tekst sprongen er voor mij meteen uit. Ik schrijf voor mijn werk en fotografeer vrolijk als totale amateur, dus wanneer er een foto met woorden voorbijkwam, veerde ik op: ha, dit kan ik, hier heb ik verstand van! De foto's met tekst onthield ik ook het best, maar het gekke is nu: ik onthield ze té goed.

Een aardige-maar-niet-briljante mop is één keer leuk. De volgende keer denk je: die ken ik al, en de derde en vierde keer reageer je geërgerd: 'Jaahaa, dat weet ik nu wel!' En zo is het tot mijn verbazing ook vaak met die beletterde foto's: die gaan vervelen, terwijl je in foto's met alleen beeld steeds weer nieuwe details kunt ontdekken. In je hoofd kun je steeds weer nieuwe bijschriften maken, want de betekenis van de foto ligt nog niet vast. Een goed verbodsbord is eenduidig en in één oogopslag te overzien. Een goede foto is dat juist niet.

Hilversum *Paul Back*

Giethoorn *Linda Huijsmans*

Drenthe *Edith de Vries-Lukkien*

Arnhem *Bas Boerman*

Vind je verloren voorwerp
Vindhek©
Vindhek
Findfence
Vieheda el Mekan
Fundzaün
Hittegjerde
Grille des
Add the word

Amsterdam *Christa Götz*

Anna Woltz

Ons eigen sprookje

Helemaal achter op mijn serviesplank staat de beker die Blokker maakte voor de verloving van Willem-Alexander en Máxima. Twee lachende portretten, een oranje wapperlint eromheen, en aan de binnenkant van de mok een gouden kroontje dat alleen rechtshandige drinkers ooit te zien krijgen.

Het is mijn enige Oranjesouvenir. De ophef rond de verloving van onze kroonprins volgde ik met interesse, Máxima's traan tijdens het huwelijk ontroerde ook mij, en wanneer er een prinsesje wordt geboren of over het strand dartelt of naar de kleuterschool gaat, dan zie ik daarvan graag een paar beelden op het *Journaal*. Verder gaat mijn belangstelling voor het koningshuis niet, maar ik ben dan ook flink verwend. Net als de rest van Nederland: we worden totaal overvoerd door de media.

Volendam *Co Zeylemaker* *ANP Historisch Archief*

Ons koningshuis heeft er de laatste decennia krankzinnig veel concurrentie bij gekregen. De baby's van Máxima moeten vechten om zendtijd met de baby's van Wendy van Dijk en Femke Halsema en de hond van Obama. Een schandaal rond koninklijke vakantiehuizen wedijvert met de adoptiegekte en de geruchten over de huwelijksproblemen van Brad Pitt en Angelina Jolie.

Vandaag de dag is de halve wereld bevolkt met schatrijke sterren die een vorstelijk leven leiden, en op vele punten winnen die sterren het glansrijk van ons koninklijk huis. Sterren geven het volk namelijk écht waar het zo naar smacht: sappige verhalen, bloedmooie mannen en vrouwen, scandaleuze uitspattingen en soms ook nog daadwerkelijk talent. De meeste sterren hebben zelf voor hun leven als beroemdheid gekozen en doen dus niet al te moeilijk over foto's en publiciteit, terwijl de opstelling van de Oranjes tegenover de media allang niet meer van deze tijd is.

En nu begrijp ik dus opeens hoe de aanbiddende, respectvolle en toch ook gretig nieuwsgierige liefde voor het Nederlands koningshuis is ontstaan. Mensen hebben altijd al behoefte gehad aan beroemdheden om over te fantaseren; levende wezens die een sprookjesleven leiden en die mooier en rijker en spannender zijn dan de bakker en de buurvrouw uit je eigen dorp.

Maar wat moest je, als saaie buurvrouw in de jaren dertig? In een tijd zonder televisie, zonder roddelbladen en zonder Angelina Jolie? Dan vereerde je natuurlijk het koningshuis: je eigen Nederlandse sprookje. En wanneer je toevallig een klein meisje in Volendam was, dan at je in 1938 glunderend beschuit met muisjes om de geboorte van prinses Beatrix te vieren. Reken maar dat al deze stralende meisjes later trouwe aanhangers van de Oranjes werden.

Utrecht *Mieke Jansen*

Rotterdam *Hedwich van der Steen*

Zuidlaren *ANP Historisch Archief*

Utrecht *Ron Hendriks*

Hans Aarsman

Al tijden zo

Het duurde even voor ik de kurk zag. Voor de schoot van de bruid hangt-ie. Wat een toeval, of moeten we het eerder als precisie zien? Eerst helemaal naar boven geknald en toen neergekomen een paar centimeter van de plek waar-ie vandaan kwam. De bruidegom moet de fles bijna honderd procent rechtstandig hebben gehouden. En geen zuchtje wind mag er hebben gestaan. Of zou de bruidegom de kurk hebben vastgehouden toen hij zich naar buiten perste? De bruidegom wilde het plafond niet beschadigen. Buiten is het risico op plafondbeschadiging niet groot – het was de macht der gewoonte zullen we maar zeggen.

Voordeel van een vastgehouden kurk is ook dat de champagne er niet zo wild uit komt gulpen. Je hebt niet al een groot deel verspild voordat het eerste glas vol is. Waarom hij de kurk dan

Den Helder *Frea Kroese*

vervolgens laat vallen? Dan lijkt het net of hij eruit geknald is. Staat op een foto beter in verband met het huwelijk. Niet zo op de penning, niet zo ingehouden. BÉNG, we gaan ervoor. Dat moet een trouwfoto uitstralen. Trouwen! Hoe vaak zullen ze deze scène hebben overgedaan? Het zou best kunnen dat het in één keer goed ging, de fles dampt nog na van de ontkurking. Goede fotograaf geweest.

Amsterdam *Piet Strieker*

Breda *René de Wit*

Noord-Holland *Henze Pegman*

Colofon

Nieuwe Groeten Uit... is een project van het Nationaal Historisch Museum, Foam_Fotografiemuseum Amsterdam en ANP Historisch Archief, en werd mogelijk gemaakt door de BankGiro Loterij.
www.nieuwegroetenuit.nl

Tekst en beeldselectie	Hans Aarsman Anna Woltz
Redactie	Hans Aarsman Anna Woltz Valentijn Byvanck
Concept en ontwerp	Vandejong, Amsterdam www.vandejong.nl
Fotografie	Zie onderschriften bij de foto's; ANP Historisch Archief www.anp-archief.nl
Omslagfoto	Bas Boerman
Auteursfoto's	Claudia Sola (Hans Aarsman) Judith Vermeij (Anna Woltz)
Met dank aan	Willy van Beek, Mirjam Bekker-Stoop, Marie-Luce Bree, Ingmar Bruin, Darija Kalkan, Janetta Ninkeula, Sanne Overmeire, Patrick Rasenberg, Sander Rutjens, Erik Schilp en alle fotografen die vorig jaar foto's hebben opgestuurd.
Productie	Nieuw Amsterdam *Uitgevers* Jan Luijkenstraat 16 1071 CN Amsterdam www.nieuwamsterdam.nl Nationaal Historisch Museum Schelmseweg 87 6816 SH Arnhem Postbus 315 6800 AH Arnhem www.innl.nl

ISBN 978 90 468 0853 5   NUR 686